FACULTÉ DE DROIT DE

THÈSE

POUR

LA LICENCE

PARIS

A. PARENT, IMPRIMEUR DE LA FACULTÉ DE MÉDECINE

31, RUE MONSIEUR-LE-PRINCE, 31.

à Auguste Larnet

Souvenir d'amitié

Moustaus

THÈSE

POUR LA LICENCE

*Hommage du frère de l'auteur, à la
Bibliothèque nationale*

Théodore Courtaud

Paris, 21 juin 1900.

THÈSE

POUR LA LICENCE

L'ACTE PUBLIC SUR LES MATIÈRES CI-APRÈS

SERA PRÉSENTÉ ET SOUTENU

Le mercredi 12 janvier 1870, à 9 heures,

Par ROBERT COURTAUX

Né à Port-Louis (Ile Maurice).

PRÉSIDENT : M. DE VALROGER, Professeur.

SUFFRAGANTS : MM. BONNIER, CHAMBELLAN, LABBÉ, Professeurs.

GLASSON, Agrégé.

Le Candidat répondra en outre aux questions qui lui seront faites sur les autres matières de l'enseignement.

PARIS

IMPRIMERIE DE A. PARENT

IMPRIMEUR DE LA FACULTÉ DE MÉDECINE

rue Monsieur-le-Prince, 31.

1870

8° F.
4-II
(2049)

A LA MÉMOIRE

DE MON PÈRE

MEIS ET AMICIS

JUS ROMANUM

DE FUNDO DOTALI

(Dig., lib. XXIII, tit. V).

Dos est prætium quod maritus, pro hac qualitate
mariti prætium idoneum permittendi ut onera matrimonii subveniret, accipit. Dos appellatur quod-
cumque in maritum vel a muliere vel ab alio quolibet ad sustinenda matrimonii onera collatum est, ut
aiunt jurisconsulti; et hoc in tantum procedit, ut
quoties uxor in manum mariti convenit omnem ejus
dotalem substantiam fieri Tullius dixerit. Olim apud
Romanos vir dominus dotis erat uxoris plenissimus.
Quo quidem dominio, paulatim et sæpius et plures
mariti abuti cœperunt, ita ut illud restringi necesse
fuerit, nam interest reipublicæ mulieres dotes salvas
habere.

Dos datur aut dicitur aut promittitur, ut ait Ulpianus. Dos datur, si rerum dominium mancip.-
tione, vel in jure cessione, vel traditione in maritum translatum est; aut ususfructus aut nomina

constitui dotis causa possent. Dos dicitur, si maritus,
contractu singulari qui potest perpetrari vel ab
uxore vel ab avo paterno vel a debitore, vel jus no-
minis vel extinctionem actionis a qua tenetur, accipit. Dos promittitur, si maritus ex aliquo aliquid
stipulat prætium. Lex quæ potestati mariti extraor-
dinariæ finem ponit, lex *Julia de adulteriis* quæ ab
Augusto lata est. Hæc lex venit ad legem *de mari-
tandis ordinibus* ampliandam, enim objectio quam
huic jurisconsulti fecerunt, era illa : *Jam vix ullæ
inveniri possent pudicæ uxores.* Augustus tunc, ut
objectio relicta sit, legem quæ adulterium attinxit
pœnis severissimis, proposuit. Hac lege præsertim
cavetur ne dotale prædium maritus invita muliere
alienet. Quæ vero lex nullius fuit remedii et paulo
post senatusconsulto Velleiano provisum est ne maritus, consentiente etiam muliere, prædium dotale
alienare, hypothecare, in uno verbo, obligare, posset. Ratio vera Augusti de lege de adulteriis erat
hæc : si maritus, ut plerumque fieri solet, dotis
partem alienare et sic inanem mulieris actionem
efficere nequiverit, hoc multum ad secundas nuptias
proficiet.

Nunc quærendum :

I

Quas ad res lex Julia spectat.

De rebus mobilibus et de immobilibus dotalibus
loquitur titulus noster. Fundum dotalem accipere
debemus non tantum cujus dominium ex jure Quiritium, sed etiam in bonis maritus dotis causa accepit, quæsitum est, quinimo et eum cujus bonæ fidei
possessor factus est ita ut possit usucapi. Dotalis
etiam intelligitur fundus qui servo dotali donatus
aut legatus et hoc non tantum si constante matrimonio, verum etiam si vel ante nuptias, vel post divortium ante tamen dotis restitutionem, prædium marito
quæsitum est. In eadem causa quoque est prædium
quod maritus accepit dotalibus Rebus permutatis
vel cujus dominium impetravit cum in id obligatum
fuisset quod mulier sibi debitum in dotem consti-
tuit. Dotalis quoque efficitur fundus mariti si cùm
mulieri vel ei qui dotem dedit, deberetur, acceptila-
tio vel pactum de non petendo dotis causa factum est.
Nunc quod si fundus in dotem æstimatus sit datus
ut electio esset mulieri, alienari fundum posse, ne-
gavit Africanus, quod si ut arbitrio mariti sit, contra esse.

Africanus et Paulus non docent nonnunquam ac-
cidisse ut in pendenti esset an fundus in dotem es-

set constitutus ideoque an asset dotalis? Ita ut Africanus respondit, si mulier nuptura Cornelianum aut Sempronianum fundum marito debenti, id quod debet doti promiserit, utrum eorum dotali esse malit hunc dotis esse. Cæterum nil refert utrum directo in dotem datum sit, mancipatione vel alio modo, an mulier, an extranea persona dotis causa legatum hereditatumve repudiaverit ut ad maritum, substitutum scilicet aut coheredem; utrum dos a muliere an ab alio quolibet data sit, dummodo mulieri restitui debeat, et quamvis plerumque per liberam et extraneam actio nobis acquiri personam non possit.

Dotale prædium accipere debemus tam urbanum quam rusticum, item prædii appellatione etiam pars continetur. Quod venit marito rebus mobilibus est, dotale si hoc venit ex operis rei et non ex re mariti.

II

Quas ad personas spectat lex Julia.

Hæc lex spectat non solum maritum sed etiam patremfamilias qui maritum in potestate habet, illos quoque qui marito in universum jus successerunt, verbis gratia adrogatorem, vel hæredem, vel etiam fiscum si bona mariti publicata sint. Omnes personæ non possunt alienare prædium dotale. Paulus ait: Quædam, quæ non possunt sola alienari, per universitatem transeunt : ut fundus dotalis, ad·heredem, et res cujus aliquis commercium non habet : nam,etsi legari ei non possit, tamen, heres institutus, dominus ejus efficitur. Julianus ait : « si marito publico judicio damnato, pars aliqua bonorum creditoribus ejus satisfacere necesse habet, inter quos uxor quoque est. » Hic, loco heredis aut creditoris, fiscus· est. Etiam per bella civilia bona uxoris alicujus proscripti reddi uxori debebant. Testis est lex 66 pr. *sol. matri* de bonis uxoris Caii Gracchi. Publicio Mucius jussit bona Liciniæ reddenda, uxoris illius, quia culpa Gracchi ea seditio. facta esset.

Ipse quoque sponsus in legem Julianam incidit non solum si matrimonium secutum fuerit, sed etiam si nuptias renunciatum est. Venditis bonorum emptor in legem Juliam non incidit.

III

Quænam sunt legis prohibitiones.

Fundi dotali alienationem lex Julia prohibet. Est autem alienatio omnis actus per quem dominium transfertur, ut Severus et Antoninus rescripserunt. Et adhuc neque servitutes fundo debitas, maritus amittere, neque alias ei imponere possit. Vidimus jam legem hanc de alienatione singulari et non de alienatione universitatis loqui, nec etiam de bono-

rum venditione. Primo enim ad solum provinciale
lex Julia non protrahitur; quod quidem non ex
ipsis legis verbis descendisse, sed strictori quadam
jurisconsultorum interpretatione inductum videtur.
Præterea uxor, sive sponsa, consenserit, valet alienatio : idem quoque dicendum est si primo quidem
ignoraverunt, postea autem ratum habuere. Hic autem observare licet mulieris voluntatem etiam in
perfectitia dote sufficere, quamvis filia familias per-
manserit, soceri autem voluntatem in distrahendo
dotali prædio nullam esse.

Fundum dotalem maritus vendidit et tradidit : si
in matrimonio mulier decesserit et dos marito lucro
cessit, fundus emptori avelli non potest, etiamsi
alienatio invita muliere facta sit. Enim debemus dicere alienationis sortem semper suspensam esse et
spectare dissolutionem matrimonii debere oportet.
Papinianus in lege *de usurp.* ait ut Marcellus (aut
Marcianus) : cum vir prædium dotale vendidit scienti
vel ignoranti rem dotis esse, venditio non valet ;
quam, defuncta postea muliere in matrimonio, con-
firmari convenit, si tota dos lucro mariti cessit.
Idem juris est cum is qui rem furtivam vendidit
postea domino hæres extitit.

Res quæ æstimatæ dantur, non sunt legi Juliæ
subjecta quia res ipsa non est dotalis sed æstimatio
quæ prætium fundi est. Quum æstimatio, ait Ulpianus, facta est ante matrimonium, est quasi sub conditione facta : si matrimonium fuerit secutum.

Igitur sponsus non fundum possit alienare ante matrimonium ob ea conditione subaudita. Et ait adhuc
Ulpianus : matrimonium secutum, vera fit venditio.
Et adhuc in eâdem lege : æstimatio est venditio.
Africanus ait loquendo mariti de potestate qui in
dote prædium æstimatum receperat : emptoris loco
est. Igitur maritus vendere prædium æstimatum
dotale potest. Et id spectat colonum qui cum prædio
instrumenta æstimata accepit; sed debemus dicere :
quum de rebus dotalibus agitur æstimationem quæ
beneficium daret uni ex conjugibus contra alterum,
rectificari debiturum esse.

Si mulieri electio servata est, fundi alienatio elec-
tione tenetur. Cæterum ad eas tantum alienationes
lex Julia spectat quæ sponte mariti fiunt. Quapropter
cessare intelligitur, si, quia damni infecti nomine non
cavebatur, vicinus jussus sit possidere ; vel si maritus ad communi dividendo judicium provocatus sit;
aut si is qui fundum possideret, marito vindicante,
litis æstimationem sustulit ut ita dicere possem,
quum alienatio est necessaria ant facta est necessi-
tate aliqua. Cessat quoque lex Julia quoties mulieri
actio de dote non competit, id est si dos apud maritum remanet, defuncta in matrimonio muliere,
vel ne si patri a quo profecta est restitui debet, vel ne
alio cuilibet qui restitutionem stipulatus est. Si mulier maritum de dote post divortium interpellaverit
ac postea decesserit, valet alienatio, si modo post
mortem facta est mulieris. Nec dotali fundo debitas

servitutes vir amittere potest, ne per hoc deterior
dotis conditio fiat; etiam nec libertas servitutis ur-
bano prædio dotali debitæ competit, nec non-usus
rustico, nec usucapio. De usucapione loquimur quia
alienatio vera est. Paulus ait : Alienationis verbum
etiam usucapionem continet; vix est enim ut non
videatur alienare qui patitur usucapi. Etenim quoque
alienare dicitur qui non utendo amisit servitutes.
Et Ulpianus ait : Servitutes remitti non posse. Igitur
servitutem vir non potest amittere non utendo.
Sed ait Ulpianus : Si donationis causa vir vel uxor
servitute non utatur, puto amitti servitutem, verum
post divortium condici posse ut si confusio fuisset. Hoc jus non potest dici in jure nostro gallico
quia non utando vel servitus quæ est in fundo
dotali vel fundo minoris potest amitti et servitus
quæ est inter fundum dotalem et fundum mariti
potest amitti non utendo (C. N., art. 710, 1561,
2253). Julianus ait : Si maritus fundum Titii ser-
vientem dotali prædio acquisierit, servitus con-
funditur. Sed si eumdem Titio reddiderit sine res-
tauratione servitutis, hoc marito imputabitur et hoc
casu maritus litis æstimationem præstabit; quod
si maritus solvendo non erit, ad restaurandam servitutem adversus Titium mulieri dantur. Hæc actio
est personalis, sed non actio in rem.

Quum uxor fundum cui prædia viri servitutem
debebant, in dotem dat, fundus ad maritum perve-
nit amissa servitute et ideo non potest videri per

maritum jus fundi deterius factum. Officio de dote
judicantis continebitur ut servitute jubeat redinte-
grata fundum mulieri vel heredi ejus reddi. Hæc
actio est arbitraria.

Nunc intra quos temporis terminos has legis
prohibitiones coerceri debere videamus. Non solum
constante matrimonio sed etiam ante nuptias semper
ubi primum fundus dotis causa datus est, locum
habent; et dissoluto demum matrimonio perdurant
donec mulieri dos restituta fuerit. Non solum mulieri, sed etiam mulieris heredibus dotis repetitio
competit et post mortem mulieris cognoscatur si
alienatio bona facta est. Si jus in muliere natum
est, transmittur heredibus vel si modo dotis restitutio
stipulata est.

IV

Quid novi de hac lege Julia Justinianus constituerit.

Justinianus post legem velleianam, prohibuit alienationem et imo hypothecare, etiam consensiente muliere, sed dedit illi non solum actiones personales sed
etiam hypothecam privilegiatam et adhuc actionem
vendicationis. Sic ait in prima parte *Constitutionis
anni* 529 quæ est lex 30 *C. de jure dotium* :

« In rebus dotalibus sive mobilibus sive immobi-
« libus, se seu moventibus, si tamen exstant, sive
« æstimatæ, sive inæstimatæ sint, mulierem in his
« vindicandis omnem habere post dissolutum ma-

« trimonium prærogativam jubemus, et neminem
« creditorum pariter qui anteriores sunt, posse sibi
« potiorem causam in his, per hypothecam vindi-
« care, cum eædem res et ab initio uxoris fuerint,
« et naturaliter in ejus permanserint dominio, non
« enim, quod legum subtilitate transitus earum in
« patrimonium mariti, etc... Volumus itaque eam
« in rem actionem in hujusmodi rebus quasi pro-
« priis habere (vendicatio) et hypothecariam omni-
« bus anteriorem possidere, etc., etc. »

Et imo hæc hypotheca privilegiata in rem em-
ptam a marito ex pecunia dotali competit. Id est ex
verbis Justiniani in constitutione anni 531 (*L.* 12
Code, qui potiores) in quâ mulieris hypothecam
privilegiatam imperator omnibus bonis mariti po-
suit. Et debemus dicere mulierem quæ vindicat si-
mulque mulierem quæ hypotheca privilegiata agit
non unquam posse pati præsentia mariti creditoris.
Nunc Justinianus constitutione altera ait : Ne con-
sensu mulieris hypothecæ ejus minuantur, nec alienare, nec renuntiare, sed potest renuntiare huic hypothecæ, quum ponitur hypotheca in rebus mariti
vel dotis quidem æstimatis, in quibus dominium est
periculum mariti est, constitutio Anastasii hoc jussit.

IN QUIBUS CAUSIS CESSAT LONGI TEMPORIS PRÆSCRIPTIO.

Justinianus autem promulgavit legem, qua res mobilis per triennium, immobilis longi temporis per possessionem, id est, inter præsentes decennio, inter absentes vigenti annis, usucapiatur et his modis non solum in Italicis fundis, sed etiam in solo totius imperii Romani, justa causa dominia acquirantur.

Aliquando quamvis sit in bona fide usucapio non exstat, id est, si quis liberum hominem, vel rem sacram, vel religiosam, vel servum fugitivum possideat. Adhuc sciendum est rem talem esse debere, ut in se non habeat vitium, ut a bonæ fidei emptore : usucapi possit vel ex alia causa. Error falsæ causæ usucapionem non parit. In nostro titulo cujus rei aliqua exempla proponuntur.

Videamus.

Primum si quis liberum hominum vel servum fugitivum possideat non potest usucapere ; et enim furtivæ res vel quæ vi possessæ sunt nec si prædicto longo tempore bona fide possessæ fuerint, usucapi possunt. Furtivarum rerum lex Duodecim Tabularum et lex Attinia inhibent usucapionem et vi possessorum lex Plautia et Julia.

Id pertinet non ipsi furi, sed etiam ei qui habet jus usucapiendi quamvis bona fide vel justa causa

C.   2

acceperit. Tamen aliquando aliter est. Non exclu-
datur actio de hereditate petenda longi temporis
præscriptione nisi adversus eos qui res hereditarias
possident pro emptore vel alio titulo justo, nisi pro
herede aut pro possessore quia prioribus sit justa
causa usucapiendi.

Similiter si usus fructus ancillæ is ad quem pertinet,
partum suum vendiderit.

Similiter, si bona fide, heredem se esse credens,
quis res hereditarias vendidit, ut ait Gaius; vel si
quis aliquid possideret credens illud a domino relic-
tum esse, ut ait Paulus.

Si colonus instrumenta quibus dominium ad te
pertinere probari posset, substraxit, eum sola longi
temporis præscriptione defendi non posse manifestum
est, quum et justa causa et bona fide absunt et etiam
possessio, quippe cum sibi nemo ipse mutare possit
causam possessionis.

Similiter, non ad familiæ erciscundæ vel communi
dividundo actionem spectat longi temporis præscriptio. Enim non possidet pro solido sed pro parte.

Si defunctus caperet usucapionem bona fide,
heres continuat eam, sed si defunctus initium justum
non haberet, hæres licet ignorans cujus, non posset
usucapere.

Hoc est in bonorum possessione et in fideicommis-
sariis, quibus ex Trebelliano restituitur cæteris præ-
toriis sucessoribus observatum est.

Severus et Antoninus inter venditorem et emptorem conjugi tempora rescripserunt ut heredem et defunctum.

Res fisci usucapi non potest, sed, ut Papinianus scripsit, bonis vacantibus fisco nundum nuntiatis, ex rebus usucapere posse sibi rem traditam bonæ fidei emptorem.

Pius et Severus et Antoninus hoc rescripserunt, sed mox imperatores avidissimi qui depopulabant ærarium publicum rem adversam rescripserunt non constitutione imperiale sed factis. Populus Romanus panem et circenses petebant et gaudebant et ob hoc imperatores divitiis populi abundabant. Sic transierunt gloria, divitiæ, honores, virtutes hujus populi Quiritium; etenim cupidines impetuosæ omnia cum se tulerunt.

JUS ROMANUM.

I. Maritus dotis dominus est, mulier non dominus est.

II. Mobilia dotalia sunt in potestate mariti tota.

III. Mulieri invita vel consentiente, quid de servi alienatione a marito facta advenit?

IV. Lex Julia non spectat immobilia dotalia æstimata.

V. Lex Julia non dat mulieri in immobilibus dotalibus jus domini verum.

DROIT CIVIL FRANÇAIS

PRESCRIPTION

DES CAUSES QUI INTERROMPENT OU QUI SUSPENDENT LE COURS DE LA PRESCRIPTION

(Code N., art. 2242 à 2259).

La prescription est un moyen d'acquérir ou de se libérer par un certain laps de temps et sous les conditions déterminées par la loi.

Cette définition nous fait voir deux prescriptions, l'une *acquisitive*, c'est-à-dire qu'elle est un mode d'acquérir la propriété ; l'autre *libératoire*, c'est-à-dire qu'elle est un mode de se libérer d'une obligation.

Mais certaines conditions sont requises pour que chacune de ces prescriptions puisse s'effectuer. Presque toujours la bonne foi ou la mauvaise foi du détenteur, jointe aux laps de temps plus ou moins longs, joue un rôle décisif à chaque fois qu'il s'agit de l'une ou l'autre prescription.

On peut envisager encore les prescriptions au point

de vue du temps : elles se divisent alors en *longues* et *petites* prescriptions.

Les prescriptions dont la durée dépasse cinq ans sont rangées dans les longues prescriptions, et celles dont la durée n'excède pas cinq ans dans les petites prescriptions. La différence entre ces deux classes, c'est que dans la seconde classe quelques-unes confèrent la *délation de serment* qui ne peut exister dans la première classe.

Il y a certaines causes qui empêchent absolument la prescription de s'accomplir : la précarité ; la nature d'un bien, ou d'une action. Il y en a d'autres qui ne font que suspendre ou qu'interrompre la prescription pendant un certain temps en laissant la prescription continuer ou recommencer.

Ces causes sont à peu près les mêmes pour la prescription acquisitive et pour la prescription libératoire.

Il faut bien se garder de confondre les causes de suspension avec les causes d'interruption :

Les premières mettent un obstacle momentané qui empêche la prescription de commencer ou de continuer sans rendre nul soit le passé, soit l'avenir.

Les secondes mettent un obstacle perpétuel anéantissant le temps écoulé, mais qui laisse à une nouvelle prescription toute faculté de commencer ; tandis que si c'était une cause de suspension, ce serait la même prescription qui continuerait à courir.

Aussi cette prescription nouvelle résultant d'une

interrruption peut très-bien être différente de la première : de commerciale devenir civile, de longue devenir petite et réciproquement. Pour qu'il y ait changement dans la prescription, il faut nécessairement qu'il y ait novation de la dette ; sans cette novation, la nature et l'origine de la créance restant les mêmes que précédemment, la prescription sera la même et ne changera nullement de caractère.

L'interruption peut être un fait instantané qui permet à la prescription nouvelle de courir aussitôt, mais elle peut être un fait persistant se prolongeant, comme la suspension, qui ne permet à la prescription de courir qu'après un temps plus ou moins long. Ceci se présente aussi bien dans l'interruption qui résulte d'un fait civil que dans celle résultant d'un fait naturel.

SECTION I.

DE L'INTERRUPTION DE LA PRESCRIPTION. L'INTERRUPTION PEUT ÊTRE NATURELLE OU CIVILE.

I. *De l'interruption naturelle.*

L'interruption naturelle résulte d'une cause physique et naturelle, c'est-à-dire qu'elle existe, lorsque le possesseur cesse de posséder.

Cette interruption a lieu :

1° *Lorsqu'un possesseur est privé par un tiers, pendant plus d'une année, de la jouissance de la chose.*

C'est la seule cause indiquée par la loi, parce que c'est la cause la plus fréquente. Si durant l'année l'ancien possesseur recouvre l'immeuble par une action possessoire ou pétitoire, il est réputé *n'avoir point cessé de posséder*. Si la demande est faite durant l'année et que les délais soient écoulés, l'ancienne possession est réputée non existante, c'est une nouvelle qui recommence. Remarquons que le législateur a voulu que l'interruption ait lieu par le fait d'un tiers, car la possession se conserve *solo animo* tant qu'une autre personne ne vient pas joindre le fait à l'intention.

Le législateur n'a pas consacré l'idée d'Argentré et de Dunod qui admettaient l'interruption lorsque l'inondation ou toute autre force majeure durait une année.

2° *Lorsqu'une personne qui possède abandonne volontairement la possession.*

Ce possesseur ne peut plus recouvrer la possession alors même qu'il s'est écoulé moins d'un an ; mais il peut commencer une nouvelle possession indépendante de la première.

3° *Quand le maître d'une servitude en voie de se prescrire par le non-usage, se remet à exercer cette servitude.*

4° *Quand la chose possédée et en voie de se prescrire change de nature ou devient imprescriptible.*

Si l'imprescriptibilité est temporaire, l'interruption

n'a pas lieu (art. 1561) pourvu toutefois que la considération de la personne s'y joigne.

L'interruption naturelle diffère sous deux rapports de l'interruption civile :

1° L'interruption naturelle ne peut s'appliquer qu'à la prescription acquisitive et à la prescription libératoire des servitudes. Elle ne peut s'appliquer à la prescription libératoire des obligations, parce qu'il faut un fait matériel pour que cette interruption existe.

L'interruption *civile* s'applique à la prescription *libératoire* et à la prescription *acquisitive*.

2° Les effets attachés à l'interruption *naturelle* sont absolus; ceux attachés à l'interruption *civile* sont *relatifs*. Sauf exception, l'interruption *civile* ne profite qu'à celui qui la pratique et ne nuit qu'à celui contre qui elle est dirigée.

II. *Interruption civile.*

L'interruption civile résulte d'un acte juridique. Elle a lieu par cinq causes :

I. *Une citation en justice.*

Le législateur a voulu exprimer par le mot citation *toute demande en justice*, aussi bien les demandes principales que les demandes incidentes ou reconventionnelles, qui se forment par simple requête ou par acte d'avoué à avoué, et même les demandes à comparaître devant des arbitres.

La prescription sera interrompue, lors même que la demande a été formée devant un juge incompétent. L'interruption existe non-seulement pour le temps antérieur, mais encore pour tout le cours de l'instance, et même une nouvelle prescription ne pourra commencer qu'après le jugement. L'interruption formée par la demande en justice est conditionnelle, car son effet est subordonné au jugement qui suit la demande. L'exposé des motifs s'exprime ainsi : « Elle ne se produit que conditionnellement, « au cas où la demande est adjugée. »

Elle est donc non avenue :

⁰ *Si le demandeur se désiste*. Ici, le législateur veut parler du désistement de la procédure, car si c'était le désistement du droit, on ne saurait parler de non-interruption et de continuation de la prescription. Le désistement sur le fond du droit peut pourtant se présenter et laisser subsister l'interruption à l'égard de certaines personnes.

Par exemple, envers des créanciers solidaires; quoique l'un d'eux se désiste sur le fond du droit, les autres conservent leur droit d'agir intact et intégral.

2° *S'il y a péremption d'instance*. La péremption d'instance a lieu lorsque le demandeur discontinue ses poursuites pendant trois ans, et trois ans et demi dans certainscas.

La péremption n'a pas lieu de plein droit; il faut qu'elle soit prononcée par un jugement, sur la demande du défendeur. Ce droit du défendeur peut être couvert par un acte valable de procédure, signifié par le demandeur à la partie adverse.

3° *Lorsque la demande est rejetée.* La loi veut parler d'un rejet définitif. Cela va sans dire que, lorsqu'il y a appel ou pourvoi, l'interruption subsiste. La règle qu'une action ne se prescrit plus du momoment qu'elle est incluse dans une instance n'est vraie que sous la condition toute naturelle que cette instance l'a fait triompher, comme le disent avec raison bien des auteurs. On applique ici ce que j'ai dit sur le désistement sur le fond du droit.

M. Troplong tombe dans une grosse erreur sur le désistement et le rejet de la demande en disant qu'une nouvelle prescription peut courir après eux. C'est avec juste raison que Marcadet critique cette théorie de Troplong et en montre l'absurdité palpable.

4° *Lorsque l'assignation est nulle pour vice de forme.* Mais il faut que le vice qui rend nulle l'assignation soit invoqué *in limine litis;* sans cette précaution, le droit du défendeur serait *couvert.* La loi, quoique formelle, est bien sévère : *dura lex, sed lex.*

II. *Un commandement.*

Le commandement est un acte judiciaire par lequel un requérant, agissant par ministère d'huissier, commande à une autre personne d'exécuter ce qu'un jugement l'a condamnée à faire, ou ce à quoi elle s'est obligée par un acte exécutoire, et en lui déclarant qu'en cas de refus, elle y sera contrainte par les voies de droit. Le commandement est un acte plus énergique qu'une demande en justice, car le commandement ne peut se prescrire que par trente ans. Si l'instance dure plus de trente ans, le commandement serait prescrit déjà, tandis que la demande en justice durerait jusqu'à la fin de l'instance. Dans ce cas, la demande en justice aurait une force plus grande, elle ne serait pas périmée et laisserait subsister l'interruption.

De plus, une nouvelle prescription peut commencer aussitôt le commandement fait, ce qui n'a pas lieu pour la demande en justice, comme nous l'avons vu. Le commandement interrompt presque toujours une prescription libératoire, car c'est le préliminaire ordinaire de la saisie. Il doit être notifié un jour avant la saisie mobilière et trente jours avant la saisie immobilière.

Il peut aussi interrompre la prescription acquisitive, moins rarement, il est vrai, que la prescription libératoire. J'ai un jugement qui vous condamne à délaisser mon immeuble. Je puis me servir de la force publique, si vous refusez d'accéder à ma demande; mais je ne puis agir qu'après vous avoir notifié un commandement de délaisser.

Il est clair que ce commandement serait interruptif d'une prescription acquisitive qui pourrait courir à votre bénéfice.

III. *Une saisie.*

C'est à tort qu'on a soutenu qu'il était inutile de parler de la saisie, vu que, disait-on, le commandement est le préliminaire de la saisie. Si la saisie donne lieu à une instance, l'interruption a lieu pendant l'instance.

La signification d'une cession de créance, comme la saisie-arrêt, interrompt la prescription ; mais si la créance est libre et n'a pas été consignée par une saisie-arrêt dans les mains du débiteur, la signification n'a pas d'effet interruptif, car cette signification ne vaut pas saisie-arrêt, puisque le débiteur n'est pas un tiers et que ce n'est que contre un tiers que la saisie-arrêt peut être faite. La sommation ne produit d'effet interruptif que lorsqu'elle est faite au tiers détenteur conformément à l'art. 2169, car dans ce cas elle tient lieu de commandement et produit à peu près les mêmes effets.

IV. *Une citation en conciliation.*

Une citation en conciliation étant le préliminaire forcé de l'assignation, on a été obligé de lui donner la même force que l'assignation. C'est pour cette raison que la citation en conciliation ne produit d'effet qu'autant qu'elle est suivie d'une citation en justice faite dans le mois à dater du jour où la personne citée a dû comparaître devant le juge de paix. Il faut donc que la demande en justice soit interruptive, car c'est elle qui donne toute force à la citation en conciliation. Une citation en conciliation n'aurait aucun effet interruptif, si l'assignation était annulée pour vices de forme ou suivie d'un désistement, d'une péremption ou d'un rejet définitif.

Plusieurs questions se présentent :

1° La comparution volontaire interrompt-elle la prescription? Lorsqu'elle est suivie dans le mois d'une demande en justice, oui. L'art. 48 du C. de proc. met la comparution volontaire sur la même ligne que la citation en conciliation et donne le choix entre les deux moyens.

2° Le compromis qui déclare qu'il y aura comparution devant des arbitres et qui n'est suivi d'aucune assignation, d'aucune comparution volontaire devant les arbitres, interrompt-il la prescription? Je n'hésite pas à déclarer qu'il n'y aura pas interruption de la prescription quoique un arrêt de la Cour de Paris ait admis l'idée contraire.

3° La lettre que le juge de paix peut, aux termes de l'art. 17 de la loi du 25 mai 1838, ordonner d'expédier aux parties avant toute citation, est-elle interruptive? Non, car sa réception ne peut être constatée, et de plus chaque partie est inconnue à l'autre.

La demande reconventionnelle que le défendeur opposerait au demandeur devant le juge de paix interrompra la prescription, parce que cette demande équivaut à une citation. Il en est ainsi lorsque cette demande est faite dans le cours d'une instance.

4° La citation en conciliation est-elle interruptive lorsqu'elle est faite dans une affaire que la loi ne soumet pas à cette formalité? Elle est alors même interruptive, c'est l'opinion bien motivée de MM. Valette, Marcadet et Zachariæ. Il est évident que l'esprit de la loi, quoique le texte ne le dise pas, veut qu'on déclare que la citation en conciliation, comme la citation en justice, soit interruptive, lorsqu'elle est nulle pour incompétence. De plus, le législateur a consacré l'innocuité de l'incompétence parce que les citoyens, ne pouvant être tous jurisconsultes, sont sujets à se tromper facilement sur la compétence des juges. Pigeau déclare que cette citation n'aura aucun effet interruptif. La jurisprudence et d'autres auteurs, Delvincourt, Troplong, Toullier, Cour de Rouen, 18 déc. 1842, — Montpellier, 9 mai 1838, font une distinction : si l'affaire est susceptible d'une transaction, l'interruption existe, car l'affaire peut alors se terminer devant le juge de paix ; dans le cas contraire, l'interruption n'existe pas.

5° Il y a-t-il interruption quand le défendeur est assigné directement sans citation en conciliation, alors que cette citation est nécessaire? Pour la même raison que dans le cas précédent, cette assignation produira l'interruption. M. Troplong et un arrêt de la Cour de cassation du 30 mai 1814 décident le contraire.

V. *Une reconnaissance faite par le possesseur ou débiteur, du droit de celui contre lequel il prescrit.*

Cette reconnaissance peut être faite par acte authentique ou sous seing privé, par simple lettre, verbalement et même tacitement.

La reconnaissance verbale ne peut se prouver par témoins que lorsque l'intérêt ne dépasse pas 150 fr., sauf les cas prévus par les art. 1347 et 1348 C. N.; mais à défaut de preuves écrites ou testimoniales, j'admets certainement qu'il est permis de recourir au serment.

Remarquons que la reconnaissance du droit du propriétaire interrompt la prescription acquisitive pour le présent et pour l'avenir en plaçant celui qui prescrit dans le vice de précarité, tandis que, lorsqu'il s'agit d'une prescription libératoire, une nouvelle prescription peut recommencer aussitôt après la reconnaissance de la dette.

III. *Des personnes auxquelles profite ou nuit l'interruption civile.*

Les actes judiciaires ne profitent ou ne nuisent qu'aux parties et n'ont aucun effet à l'égard des tiers. C'est l'application de la règle : *res inter alios acta aliis non nocet, nec prodest ;* sauf certaines ex-

ceptions : solidarité, — indivisibilité, — cautionne-
nement.

1° *Solidarité.* L'interruption accomplie contre
l'un ou l'autre des débiteurs solidaires est égale-
ment accomplie contre les autres; car chacun est
mandataire de ses codébiteurs, *ad perpetuendam
obligationem.* La loi aurait pu se dispenser d'ajouter
même contre leurs héritiers, car nous savons que
toute obligation existant contre une personne passe
contre son héritier. Si la mort d'un codébiteur so-
lidaire ne peut diminuer la dette, elle ne peut
l'augmenter : ainsi, si le codébiteur a plusieurs héritiers, chacun représente le défunt pour sa part;
donc pour qu'il y ait interruption contre toute la
part du *de cujus*, il faut qu'elle existe contre tous les
héritiers. Cette théorie est clairement établie au
titre des obligations.

2° *Indivisibilité.* Chaque créancier étant débiteur
de la totalié de l'objet indivisible, l'interruption
a lieu contre tous, comme s'ils étaient solidaires
entre eux. Quand il s'agit d'un objet indivisible,
l'interruption accomplie contre l'un des héritiers
du *de cujus* débiteur d'une dette indivisible est
accomplie contre tous les héritiers, parce que chaque héritier est débiteur de la totalité de l'objet
grevé par sa part de dette. Lorsqu'il s'agit d'une
dette divisible, mais hypothécaire, il n'y a aucune
difficulté, car l'action hypothécaire est l'accessoire

de l'action personnelle et subit toutes les cause d'interruption de cette dernière.

3° *Cautionnement.* L'interruption accomplie contre le débiteur principal est accomplie contre la caution, car la caution s'est engagée pour la dette tant qu'elle existera; donc la caution doit suivre ses causes de vie ou de mort. Aujourd'hui, ceci paraît très-clair, mais c'était une question très-controversée dans l'ancien droit : le code l'a tranchée.

L'interruption accomplie contre la caution est-elle accomplie contre le débiteur principal?

Non, selon mon avis; car la caution, étant l'accessoire de la dette principale, ne doit pas régir cette dernière. Le sort du principal ne dépend pas du sort de l'accessoire, et malgré les actes interruptifs purement relatifs à la caution, la dette principale s'éteindra, et si la dette principale s'éteint par prescription, la caution, garantissant cette dette, étant son accessoire pourra invoquer cette prescription. La dette principale étant éteinte par n'importe quelle cause légale, la caution n'a plus de raison d'être, car la caution ne faisait que garantir une chose qui maintenant n'existe plus. L'interruption naturelle ne peut nuire qu'à celui qui prescrit et profiter qu'à celui qui est propriétaire de la chose possédée.

SECTION II

DES CAUSES QUI SUSPENDENT LE COURS DE LA PRESCRIPTION.

« La prescription court contre toutes personnes à moins qu'elles ne soient dans quelque exception établie par la loi. »

Je m'étonne que des auteurs d'un mérite reconnu, entre autres Merlin et Troplong, aient eu seulement la pensée, devant ce texte formel, d'écrire que la règle ancienne : *contra non valentem agere non currit prescriptio,* existait sous l'empire de notre code, dans toute sa force, avec son arbitraire, cause de si profondes disputes. La loi qui nous régit fait une énumération limitative, et la prescription court contre toute personne qui ne peut invoquer une exception tirée de la loi.

Les différentes exceptions reposent sur cinq classes de causes de suspension.

1° Exceptions fondées sur la qualité personnelle du créancier ou du propriétaire.

La prescription ne court pas contre :

1° *Les mineurs et interdits.* Peu importe que le mineur soit ou non émancipé. La prescription suspendue profite-t-elle au copropriétaire majeur ? Non. L'ancien droit, par un arrêt du Parlement de Paris, consacrait l'idée contraire, mais plusieurs arrêts de la Cour de cassation (5 déc. 1826 et 1840) admettent la négative.

Ce qui se dit des mineurs s'applique à l'interdit. C'est à tort que M. Dalloz voudrait qu'on étendît le bénéfice de la suspension aux personnes non interdites, mais atteintes d'imbécillité, de démence, de fureur. La règle posée par le texte de la loi est formelle sur ce point : la loi ne les nomme pas, donc on ne doit pas leur conférer ce bénéfice.

La suspension ne frappe que les longues prescriptions, les petites prescriptions échappent à son action. On a beaucoup blâmé cette exception qui rend incertaine la propriété, car admettons plusieurs mineurs successifs, la suspension peut durer bien des années. Le Code sarde a évité ce blâme en doublant, quant à ces personnes, le temps de la prescription. C'est un remède qui obvie en partie à l'inconvénient du Code français.

2° *Les femmes mariées dans quatre cas seulement*. En principe la prescription court contre la femme quel que soit le régime qui la régit. La loi a soin de dire que la prescription court contre les biens administrés par le mari, car pour ces biens seuls il pourrait y avoir un doute.

1ᵉʳ *cas*. — La prescription ne court pas contre la femme sous quelque régime qu'elle soit mariée quant aux actions en rescision des contrats faits *sans l'autorisation du mari ou de justice*, mais elle court du jour de la dissolution du mariage (art. 1304).

2ᵉ *cas.* — La prescription ne court pas contre la femme sous quelque régime qu'elle soit mariée quant aux actions *qui réfléchiraient contre le mari*, si elle les exerçait contre le tiers qui y est soumis. Ces actions sont celles qui soumetteraient le tiers à une action en garantie contre le mari. La femme pour ne point exposer son mari au recours du tiers, négligerait d'agir et la prescription s'accomplirait sans difficulté aucune. La loi a voulu, pour cette raison morale, laisser à la femme le pouvoir d'agir après la dissolution du mariage. Cette exception a lieu pour la femme même à l'égard des tiers de bonne foi.

3ᵉ *cas.* — La prescription ne court pas contre la femme sous le régime de la communauté quant aux actions qui ne lui compètent qu'après option sur la répudiation ou l'acceptation de la communauté. La loi pose cette exception parce qu'il faudrait, dans le cas contraire, que la femme surveille l'administration de son mari. Cette surveillance s'accommoderait fort mal avec le pouvoir si étendu du mari.

4ᵉ *cas.* — La prescription ne court pas contre la femme sous le régime dotal quant aux immeubles dotaux non stipulés aliénables. Si la prescription a commencé avant le mariage, elle continue pendant le mariage. A-t-elle commencé pendant le mariage, elle est suspendue jusqu'à la dissolution du mariage ou la séparation de biens. Est-elle postérieure à la séparation de biens, elle commence du jour de la possession.

II. *Exceptions fondées sur les rapports existants entre le propriétaire ou créancier et le possesseur ou débiteur.*

1° La prescription ne court pas entre époux d'une manière absolue tant que dure le mariage.

Il serait contraire à la nature de la société du mariage, dit l'exposé des motifs, que les droits de chacun ne fussent pas, l'un à l'égard de l'autre, respectés et conservés.

2° Contre l'héritier bénéficiaire à l'égard des créances qu'il a contre la succession. La raison est qu'étant nanti des biens qui forment son gage et par conséquent étant sûr d'obtenir le dividende auquel il a droit, son intérêt est de ne pas exercer de poursuites qui diminueraient son dividende. La réciproque est vraie, car l'héritier bénéficiaire est administrateur. Il ne pourrait admettre à son profit, comme héritier, une prescription qu'il aurait dû interrompre comme administrateur.

Cette suspension n'existe pas entre les cohéritiers : les motifs du précédent cas n'existent pas ici. Ce qui vient d'être dit de l'héritier bénéficiaire et la succession s'applique absolument de la même manière entre tout administrateur légal du patrimoine d'une personne et cette personne. La prescription court contre une succession vacante même non pourvue d'un curateur et même pendant les trois mois et quarante jours pour délibérer. L'héritier peut agir, car interrompre la prescription est un acte conservatoire et non un acte de propriétaire seulement.

III. *Exceptions fondées sur la modalité de la créance.*

La prescription ne court pas :

1° *A l'égard d'une créance conditionnelle.* La loi veut parler d'une condition suspensive.

2° *A l'égard d'une créance à terme.* La prescription est suspendue jusqu'au terme. S'il y a plusieurs termes, la prescription commence à la fin de chaque terme contre la portion échue. C'est une chose évidente, quoique un arrêt (21 février 1671) du parlement ait décidé le contraire à Toulouse.

3° *A l'égard d'une action en garantie jusqu'à ce que l'éviction ait lieu.* Ce troisième cas rentre dans le premier, parce que la garantie ne porte que sur l'éviction, par conséquent l'action n'existera et ne pourra être prescrite que lorsque cette éviction aura elle-même une existence.

Ainsi la loi se réduit à ceci : la prescription est suspendue pour les créances conditionnelles et à terme, tant que la condition n'est pas accomplie ou que le terme n'est pas échu.

Nous voyons que l'art. 2257 ne s'applique qu'à la prescription libératoire et nullement à la prescription acquisitive.

DROIT CIVIL

I. Le commandement est interruptif de la prescription acquisitive.

II. Quoique le commandement interrompe la prescription et soit le préliminaire de la saisie, la saisie peut être utile pour interrompre la prescription.

III. La comparution volontaire a un effet interruptif comme la citation en conciliation.

IV. La citation en conciliation nulle pour incompétence a un effet interruptif. ,

V. L'assignation directe d'une affaire soumise au préliminaire de la conciliation a un effet interruptif.

VI. L'interruption contre le caution n'a pas d'effet contre le débiteur principal. ·

VII. La suspension n'a lieu que dans les cas limitativement établis par la loi.

. VIII. Un héritier bénéficiaire ne peut pas prescrire contre la succession.

DROIT COMMERCIAL

DE LA PRESCRIPTION EN MATIÈRE DE LETTRE DE
CHANGE ET DE BILLETS A ORDRE.

(C. de Comm., art. 189.)

« Toutes actions relatives aux lettres de change et
aux billets à ordre souscrits par des négociants, mar-
chands ou banquiers, ou pour faits de commerce, se
prescrivent par cinq ans » (art. 189, C. de Com.)

Cet article du Code de commerce reconnaît une
prescription spéciale de cinq ans en matière de lettres de change et de billets à ordre : mais en était-il
de même avant la promulgation du Code de commerce ? Non, dans l'ancien droit, la prescription de
trente ans était reconnue pour toutes sortes d'obligations, et ce n'est que l'ordonnance de 1673 qui vint
établir la prescription de cinq ans. La lettre de
change et le billet à ordre étaient soumis à la prescription de trente ans comme toute obligation civile
La protection que l'on donne aujourd'hui au commerce, n'existait pas, aussi les entraves dont le commerce était entouré retardèrent son développement
en France. Plus tard, la protection due au commerce
naissant, fut mise au jour et dans notre siècle son dé-

veloppement est terminé. L'art. 21, tit. V, de l'ordonnance de 1673 décida que *les lettres de change ou billets seraient réputés acquittés après cinq ans de cessation de demandes et poursuites à compter du lendemain de l'échéance, ou du protêt, ou de la dernière poursuite.*

Tout autre effet de commerce, autre que les lettres et billets de change, tombait sous l'application de la prescription de trente ans.

L'ordonnance de 1673 mit fin à de nombreux abus existants par ce laps de temps trop long. Des veuves, des enfants, des héritiers se trouvaient tracassés pendant de longues années, ou étaient obligés d'acquitter des lettres fort anciennes ou d'en payer les intérêts. Les accepteurs, les tireurs et les endosseurs se trouvaient souvent contrecarrés dans leur commerce par l'effet de cette prescription de trente ans. Le commerce languissait sous le poids de cette chaîne qui ne faisait qu'entraver sa marche.

Les rédacteurs du Code de commerce, comme les législateurs de 1673, consacrèrent le principe de la prescription de cinq ans et l'étendirent dans l'intérêt du commerce qui grandissait chaque jour.

I. *Caractère de cette prescription.*

Le caractère spécial de cette prescription relative à ces effets de commerce est une *présomption de payement.* Ce n'est pas comme pour les autres pres-

criptions pour mettre les débiteurs à l'abri des poursuites des créanciers négligents. L'ordonnance de
1673 disait : *Les lettres de change seront réputées ac-
quittées après cinq ans.*

Le Code de commerce n'emploie pas des termes
semblables, mais l'esprit est le même : les prétendus
débiteurs sont tenus d'affirmer qu'ils ne sont plus
redevables, et leurs veuves, héritiers ou ayants cause,
qu'ils estiment de bonne foi qu'il n'est plus rien dû,
s'ils en sont requis et sous peine en cas de refus, de
voir repousser leur moyen de défense fondé sur la
prescription.

La présomption est légale, car elle ne peut être
repoussée qu'à l'aide d'autres présomptions légales,
comme l'a décidé la Cour de cassation le 14 janvier
1818 et 18 janvier 1821, ainsi que la cour de Grenoble
le 23 décembre 1828.

II. *Effets de commerce auxquels s'applique la prescription de cinq ans.*

Chaque fois qu'il s'agit d'une lettre de change,
cette prescription s'applique peu importe que la
cause soit ou ne soit pas commerciale.

La loi s'attache au fait et non à la cause qui produit l'effet ; mais si par l'absence de certaines conditions, ou par l'existence de certaines suppositions
prohibées par la la loi, la lettre de change dégéné-
rait en simple promesse, la prescription de cinq ans

ne serait plus applicable, mais bien celle de trente ans seule qui pourrait avoir lieu.

Par exemple je déclare non prescriptible par cinq ans une lettre de change souscrite par une femme ou par un mineur, car nous savons que dans ce cas, la lettre de change dégénère en simple promesse.

Malgré que la loi dise que toutes les actions relatives à la lettre de change tombent sous le coup de ce te prescription de cinq ans, cependant cette prescription ne s'applique pas à l'action que le tiré peut in enter, s'il a payé à découvert, car le tiré n'agit pas en vertu de la lettre de change, mais bien seulement en vertu d'un payement dont il demande la restitution.

Il en est de même du tiers qui a désintéressé le porteur, à moins que ce tiers n'ait entendu se subroger légalement aux droits du porteur. Dans ce cas, le tiers prend le lieu et la place du porteur, et comme il prend les avantages de la lettre de change par cette subrogation, il doit en supporter les inconvénients, s'il est négligent.

Le tireur qui a fait provision et qui a été obligé de payer, aura une action trentenaire contre le tiré en sa qualité de créancier ordinaire ; ici encore c'est en restitution d'un payement que le tireur actionne le tiré et non en vertu de la lettre de change elle-même qui n'est ici qu'une cause indirecte de l'action exercée par le tireur.

La même solution doit avoir lieu lorsqu'il s'agit de

l'action du porteur qui n'a pas fait ses diligences dans les délais, action exercée contre le tiré non accepteur : le créancier agit encore ici comme créancier ordinaire.

L'ordonnance de 1673 ne s'appliquait qu'aux lettres de change, les rédacteurs du Code de commerce ont étendu la prescription de cinq ans aux billets à ordre, mais dans deux cas seulement : lorsqu'ils sont souscrits par des commerçants ou par des non commerçants pour des faits de commerce.

Il ne suffit pas qu'un billet à ordre ait été souscrit par un commerçant pour qu'il soit prescriptible par cinq ans, il faut encore que ce billet n'exprime pas une cause civile, mais bien une cause commerciale, qu'il soit créé pour une opération commerciale. C'est à la cause du billet et non à son effet que s'attache la loi : c'est le contraire pour la lettre de change. Pour la lettre de change, la loi s'attache à l'effet lui-même, à son expression qui est la lettre de change et non à la cause commerciale ou non qui produit l'effet.

La loi s'exprime dans des termes généraux parce que la présomption est que le billet fait par un commerçant a été souscrit pour une cause commerciale. La présomption de commercialité frappe le billet souscrit par un commerçant, tandis que le billet souscrit par un non commerçant est soumis à la présomption de non commercialité, sauf la preuve du contraire dans les deux cas.

Si le billet à ordre, même souscrit pour une cause

commerciale, était irrégulier, il dégénérerait en simple promesse et tomberait ainsi sous le coup de la prescription trentennaire.

Les billets à domicile, selon l'opinion la plus récente de la jurisprudence à laquelle je me rallie, ne sont prescriptibles par cinq ans qu'autant que la cause en est présumée commerciale. Cette présomption de commercialité ne s'attache qu'aux commerçants qui sont toujours réputés agir pour leur commerce, sauf la preuve du contraire. Cette présomption ne frappe pas le non commerçant, et même c'est la présomption de commercialité qui existe toujours en leur faveur.

M. Thierret a pensé à tort que le billet à domicile était « une espèce particulière de la lettre de change, qui est, dans ce cas, le genre. »

La question est très-controversée, et l'on se demande si le billet à domicile constitue un acte commercial par lui-même. Dans un premier système, on déclare que c'est un acte de commerce par lui-même, parce que l'art. 632 s'exprime ainsi, *in fine,* sur les actes de commerce : « Sont réputées actes de commerce, les lettres de change ou *remises d'argent de place en place.* » Or, dans le billet à domicile, il existe cette remise de place en place, puisque le souscripteur, moyennant une valeur qu'il reçoit dans un lieu, s'engage à payer une somme dans un autre lieu. Le second système déclare que le billet à domicile doit être assimilé au billet à ordre ; que les mots *remise d'argent de place en place* ne sont que l'explication des mots *lettres de change.* C'est un pléonasme que renfermait déjà l'ordonnance de 1673, qui les avait ajoutées aux mots *lettres de change,* à titre d'explication. C'est la jurisprudence de la Cour de cassation, 21 août 1854, 20 nov. 1856, 10 avril 1861.

Quant au billet au porteur, même sous le régime de l'ordonnance de 1673, on décidait que ce billet était soumis à la prescription trentenaire. L'art. 189 C. de com. n'en fait aucune mention, il reste dans le droit commun et est soumis aux règles ordinaires de ce droit.

III. *Point de départ de cette prescription.*

L'art. 189 fait courir cette prescription à compter du jour du protêt ou de la dernière poursuite juridique. Le protêt n'est pas nécessaire pour que la prescription commence à courir, car la loi dit à compter du jour du protêt, c'est-à-dire du jour où le protêt doit être fait, et non à compter du protêt. La Cour de cassation (1er juin 1842) a décidé que la prescription courait du lendemain de l'échéance, lorsqu'il n'y a pas eu de protêt :

« Attendu qu'aux termes de l'art. 189 du Code de « commerce, toutes actions relatives aux billets à « ordre se prescrivent par cinq ans, à l'égard des « souscripteurs, *à dater du jour du protêt* ou de la « dernière poursuite judiciaire; — que le jour du

« protêt est donc le point de départ de la prescrip-
« tion dont il s'agit; — que l'art. 162 du Code de
« commerce détermine nettement ce qu'il faut en-
« tendre par ces paroles : *le jour du protêt;* — qu'en
« effet, il résulte de cet article que le refus de paye-
« ment doit être constaté le lendemain du jour de
« l'échéance par un acte que l'on appelle *protêt*
« *faute de payement;* d'où il suit que le lendemain
« du jour de l'échéance est le seul et véritable jour
« du protêt, à moins que ce jour ne soit férié légal,
« auquel cas le protêt peut être fait le jour sui-
« vant, etc. »

Ajoutons un autre arrêt semblable de la même
Cour, du 14 avril 1818 et du 23 avril 1846.

Il faut décider aussi que la prescription d'une
lettre de change *à vue*, tirée d'une ville de France
sur une autre ville de France et non protestée dans
les délais légaux, ne court qu'à l'expiration du délai
de six mois accordé par l'art. 160, touchant la pré-
sentation et le protêt. C'est ce que la Cour de cassation a décidé par l'arrêté du 1er juillet 1845.

Certains auteurs critiquent cette décision, en disant que celui qui a méconnu l'art. 160 est mieux
traité, ou est traité comme celui qui s'y est soumis.
La loi fixe des délais pour celui qui néglige de faire
le protêt, et non pour celui qui a fait le protêt.

IV. *Causes d'interruption.*

D'après le droit commun (art. 2244 et suiv. C. N.), la prescription est interrompue par une citation en justice, un commandement, une saisie, ou par la reconnaissance du débiteur. Le temps antérieur est alors considéré comme non avenu, et une nouvelle prescription peut recommencer. Le Code de commerce, en disant dans l'art. 189 que la prescription de cinq ans a lieu à compter du jour du protêt ou *de la dernière poursuite juridique*, a suivi la même idée.

Cette prescription est donc interrompue :

1° Par une poursuite juridique,

2° Par un jugement de condamnation,

3° Par la reconnaissance par acte séparé.

L'art. 189 ayant été fait pour abréger la durée de la prescription, il serait contraire à son esprit de décider que le protêt, fait après le jour où il doit être dressé, soit productif d'interruption à l'égard de la lettre de change et du billet à ordre. Tout au plus doit-on le considérer comme une simple sommation de payer, sans caractère juridique. La Cour de cassation l'a ainsi décidé par ses arrêts des 1er juin 1842 et 23 avril 1846.

1° *Poursuite juridique.*

Une assignation interrompt cette prescription de cinq ans, de sorte que la prescription ne reprend son nouveau cours que du jour de la poursuite. L'an-

C.   4

cienne prescription est anéantie, c'est une nouvelle prescription qui commence. L'acte interruptif n'opère pas novation dans la prescription, c'est-à-dire que c'est encore une prescription de cinq ans qui commence et non une de trente ans, par exemple.

Si l'instance a lieu, l'interruption durera pendant tout le cours de l'instance, quoique certains auteurs pensent le contraire ; mais je considère l'opinion que je soutiens comme plus conforme au texte et à l'esprit de la loi. La Cour de cassation est, il est vrai, contre moi ; mais ici, la maxime *actiones semel judicio inclusæ salvæ permanent* s'applique dans toute sa force. A quoi donc aurait servi l'assignation ? Ce serait un palliatif et non un remède ; la loi se jouerait des personnes qu'elle prétend protéger, en leur donnant des moyens inefficaces et sans résultat possible.

S'il y a péremption acquise, l'assignation n'aura produit aucun effet, et la même prescription continuera à courir, car alors il n'y aura pas eu interruption, vu que l'assignation a été dépouillée de tout effet par la péremption.

La Cour de cassation en a décidé autrement dans un arrêt du 24 décembre 1860.

La même solution doit être donnée, s'il y a eu désistement, abandon de la procédure par le demandeur. Dans ces deux cas, la prescription court du jour du protêt.

La prescription peut être interrompue par d'autres poursuites juridiques.

La saisie conservatoire autorisée par l'art. 172 au profit du porteur, sur les effets mobiliers des divers obligés, interrompt la prescription dont il s'agit. Un commandement aura le même effet, mais c'est une poursuite qui sera rarement utilisée, parce qu'il faut posséder un titre exécutoire, et il est rare que les effets à ordre soient reçus par acte notarié. Si l'on suppose un jugement de condamnation, comme nous allons le voir, ce jugement donne bien un titre exécutoire au demandeur, mais le commandement qui serait fait à la suite de ce jugement serait interruptif, non pas de la prescription de cinq ans, mais bien de la prescription de trente ans, car le jugement opère novation de la dette; de commerciale, elle devient civile, et par le fait elle est soumise à la prescription de trente ans.

2° *Jugement de condamnation.* Le jugement de condamnation interrompt la prescription de cinq ans, mais la différence marquée avec les autres interruptions est qu'il forme un titre nouveau qui ne peut être prescrit que par trente ans. Donc, après le jugement, une nouvelle prescription commence à courir, et ce n'est plus celle de cinq ans, mais celle de trente ans.

Mais que décider si le jugement est par défaut ou n'a pas été exécuté dans les six mois de son obtention? M. Vincens (dans *la Législation commerciale* liv. vIII, chap. 10, n° 3, t. II, p. 364) pense qu'une fois qu'il y a eu condamnation, la prescription de cinq ans doit être exclue, et doit faire place à la prescription de trente ans.

C'est une grosse erreur de dire que le jugement par défaut non exécuté dans les six mois de sa date est une condamnation, car ce jugement non exécuté est réduit à néant, et l'art 189 ne peut parler que d'une condamnation qui subsiste et qui demeure réelle et productive d'effets juridiques.

Donc, la prescription de cinq ans subsiste seule. Le jugement, il est vrai, ne produit aucun effet, mais l'assignation produit son effet interruptif pendant trois ans.

Le jugement obtenu contre l'un des signataires n'interromprait pas la prescription qui court au profit des autres signataires; car, contre ces derniers, il n'existe pas de titre nouveau, c'est l'action attachée à la lettre de change qui demeure.

3° *Reconnaissance de la dette par acte séparé.* Cette reconnaissance produit les mêmes effets que la condamnation, c'est-à-dire que ce n'est plus la prescription de cinq ans, mais bien la prescription trentenaire qui pourra courir. Toute reconnaissance produit une interruption, mais il faut que la reconnaissance dont nous parlons opère novation pour que la prescription de cinq ans ne soit plus efficace.

C'est la jurisprudence de la Cour de cassation, et

c'est l'opinion la plus raisonnable à mon sens. Au sur-
plus l'appréciation en est laissée aux tribunaux, et,
malgré leur décision, la Cour de cassation ne pourrait casser leur jugement, car c'est une appréciation
qui leur est permise, c'est une question de *fait* et
non une question de droit qui, seule, peut être soumise aux arrêts de la Cour de cassation.

On doit ajouter comme conséquence de cette interruption par reconnaissance de la dette, qu'il y a
encore interruption de la prescription de cinq ans,
sans y substituer celle de trente ans chaque fois qu'il
y aura payement des intérêts ou d'un à-compte,
quoique les Cours de Grenoble et de Montpellier
aient décidé le contraire.

De même, l'admission au passif d'une faillite,
d'une créance résultant d'une lettre de change est
soumise à la prescription de cinq ans après cette admission, car cette admission ne change en rien la
nature et l'origine de la créance, et n'opère pas de
novation ; c'est une simple constatation de la dette
(arrêt de la Cour de cassation, 7 avril 1857; contre
Colmar, 29 décembre 1859).

Toutes les causes d'interruption des longues prescriptions ont lieu ici excepté le commandement, car
il ne peut y avoir titre exécutoire, et la saisie ordinaire qui doit être précédée par un commandement.
La saisie conservatoire peut seule avoir lieu, en matière de lettres de change ; ce cas est prévu par l'art.
172 du C. de Com.

V. *Causes de Suspension.*

Le Code de commerce ne parle pas des causes de suspension. La cour de Paris décida dans un arrêt du 25 avril 1836 , que notre prescription de cinq ans n'était pas pas suspendue pour les mineurs et interdits. Sous l'empire de l'ordonnance de 1673 l'art. 22, titre V le décidait ainsi et selon le droit commun (art. 2278 C. N.) les petites prescriptions courent contre les mineurs et les interdits.

Lors de la discussion du projet de loi au Conseil d'Etat, la force majeure, l'impossibilité évidente ont été prises en considération et ce sont les tribunaux qui doivent apprécier si la force majeure a créé réellement une impossibilité évidente d'agir.

L'opinion de M. Pardessus est que le débiteur en faillite au moment de l'échéance ne peut invoquer la prescription de son chef; la raison est que la prescription de cinq ans est une présomption de payement, et ici le débiteur ne peut disposer de ses biens et par le fait ne peut invoquer cette prescription qui ne peut résulter que de cette présomption.

La cour de cassation a rejeté cette opinion le 14 février 1833 et à juste titre, car le failli peut faire des payements lui-même avec des ressources dissimulées. La présomption de payement ne fait pas défaut complétement, donc il ne faut pas la rejeter; car il ne faut pas que la négligence du créancier retombe sur le failli qui peut être de bonne foi.

Quoique nous trouvions en cette matière quelques

différences avec le droit commun, cependant chaque fois que le Code de commerce fait défaut, le juge doit appliquer selon sa conscience, les régles du droit commun qui est la base de toute notre législation.

VI. *Effets de cette prescription.*

Selon le droit commun la prescription n'est pas prononcée d'office, et doit être demandée ; alors seulement le juge doit l'appliquer, si les conditions requises existent et sont accomplies, sans pouvoir déférer le serment au prétendu débiteur. En matière de lettres de change et de billets à ordre, le juge ou le créancier peuvent obliger le débiteur d'affirmer sous serment qu'il a payé ou qu'il n'est rien dû. Si le débiteur est mort, sa veuve ou ses héritiers ne sont tenus que d'affirmer qu'ils estiment de bonne foi qu'il n'est plus rien dû.

Le créancier peut-il écarter la prescription d'une autre manière ? Si toutes les conditions requises sont accomplies, le créancier n'aura à sa disposition que le serment ; mais si le créancier prétend que les conditions requises n'ont pas été accomplies, il pourra le prouver par toutes sortes de preuves ; car nous savons qu'en matière commerciale, toutes les preuves sont admises.

Ainsi nous voyons que toutes les fois que la prescription de cinq ans sera légalement accomplie, le créancier n'aura pour se défendre que la délation du serment.

DROIT COMMERCIAL

POSITIONS.

I. Lorsque le demandeur a laissé écouler plus de cinq ans depuis la dernière poursuite, et que la péremption a été couverte, le défendeur peut invoquer la prescription de cinq ans.

II. Le protêt n'a pas un effet interruptif.

III. Si le billet à ordre contient des signatures civiles et commerciales, tous les signataires peuvent opposer la prescription de cinq ans.

IV. Les poursuites exercées contre l'un des signataires n'interrompt pas la prescription contre les autres.

V. Si le débiteur d'une lettre de change a reconnu sa dette, la prescription nouvelle qu'il commencera sera-t-elle de cinq ou de trente ans? Il faut distinguer.

Vu par le Président de la thèse,

DE VALROGER.

Vu par le Doyen de la Faculté,

G. COLMET-DAAGE.

Paris. — Typ. A. PARENT rue Monsieur-le Prince, 31.